Üben 1 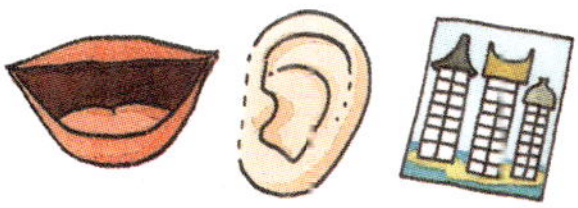 Verbinde

W0294478

Lautgetreue Wörter

Anlaute im ersten Haus abhören

Anlaute im ersten Haus abhören

Lösung 1 Für jede richtige Verbindung gibt es 1 Punkt.

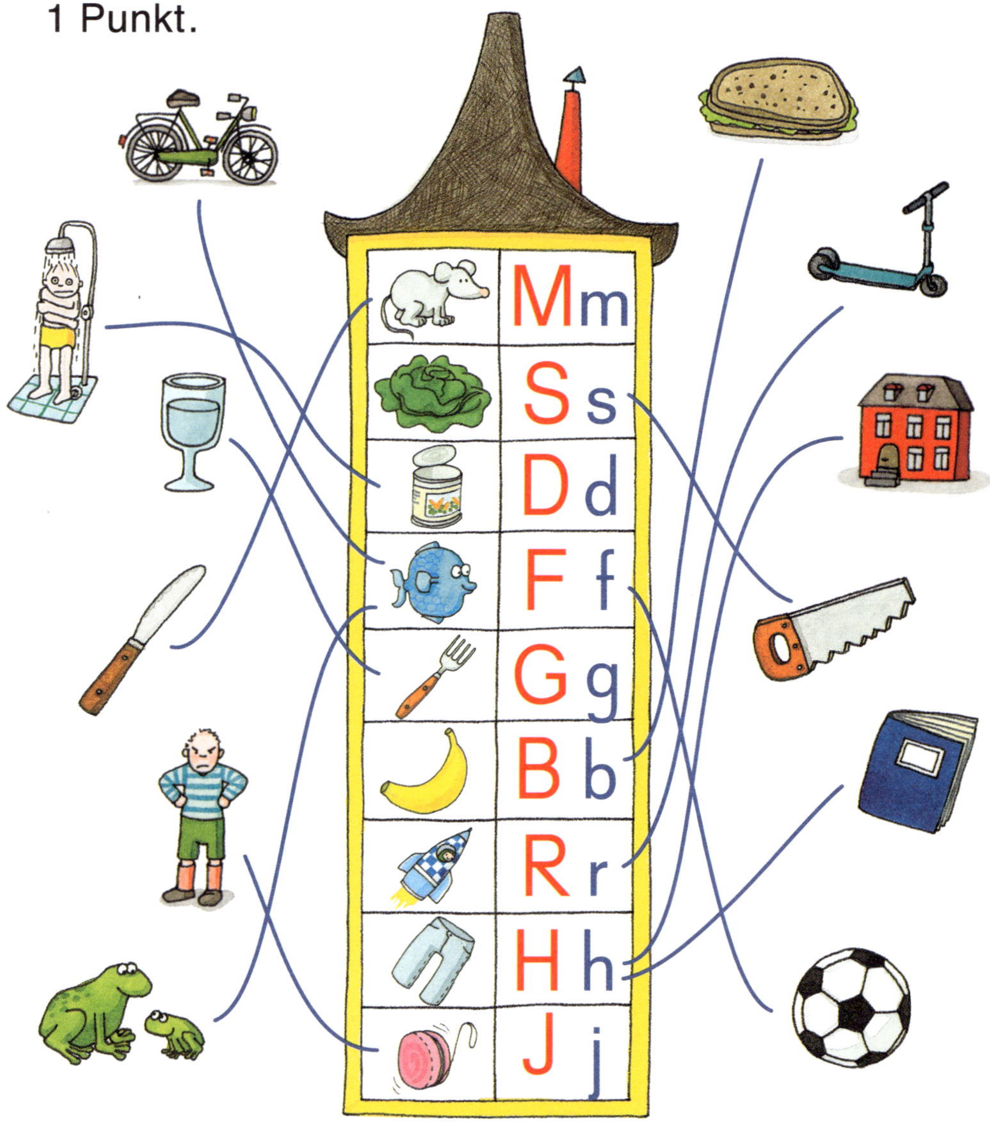

Üben 2 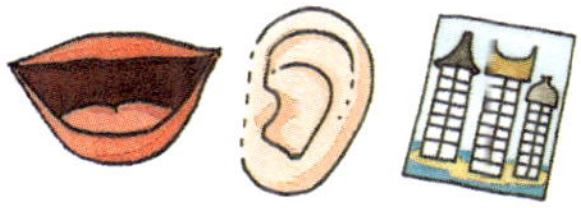 Was passt? Kreuze an.

A a 	 ☐	 X
E e 	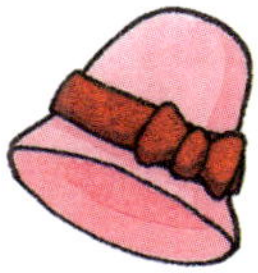 ☐	 ☐
I i 	 ☐	 ☐
O o 	 ☐	 ☐
U u 	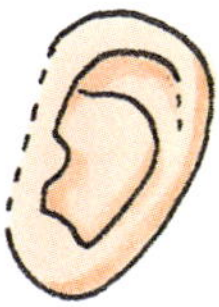 ☐	 ☐
Ä ä 	 ☐	 ☐

Anlaute im zweiten Haus abhören

Lösung 2 Für jedes richtige Kreuz gibt es 1 Punkt.

A a		X
E e		X
I i	X	
O o	X	
U u		X
Ä ä	X	

Üben 2 Punkte

Üben 3

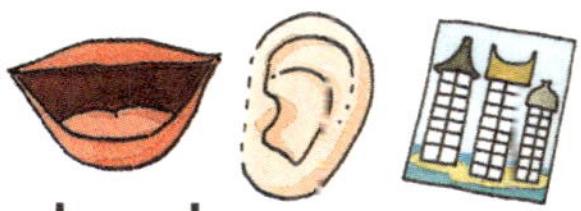

Was passt nicht?

Streiche durch.

Lautgetreue Wörter

Anlaute im dritten Haus abhören

Anlaute im dritten Haus abhören

Lösung 3 Für jede richtige Zeile gibt es 1 Punkt.

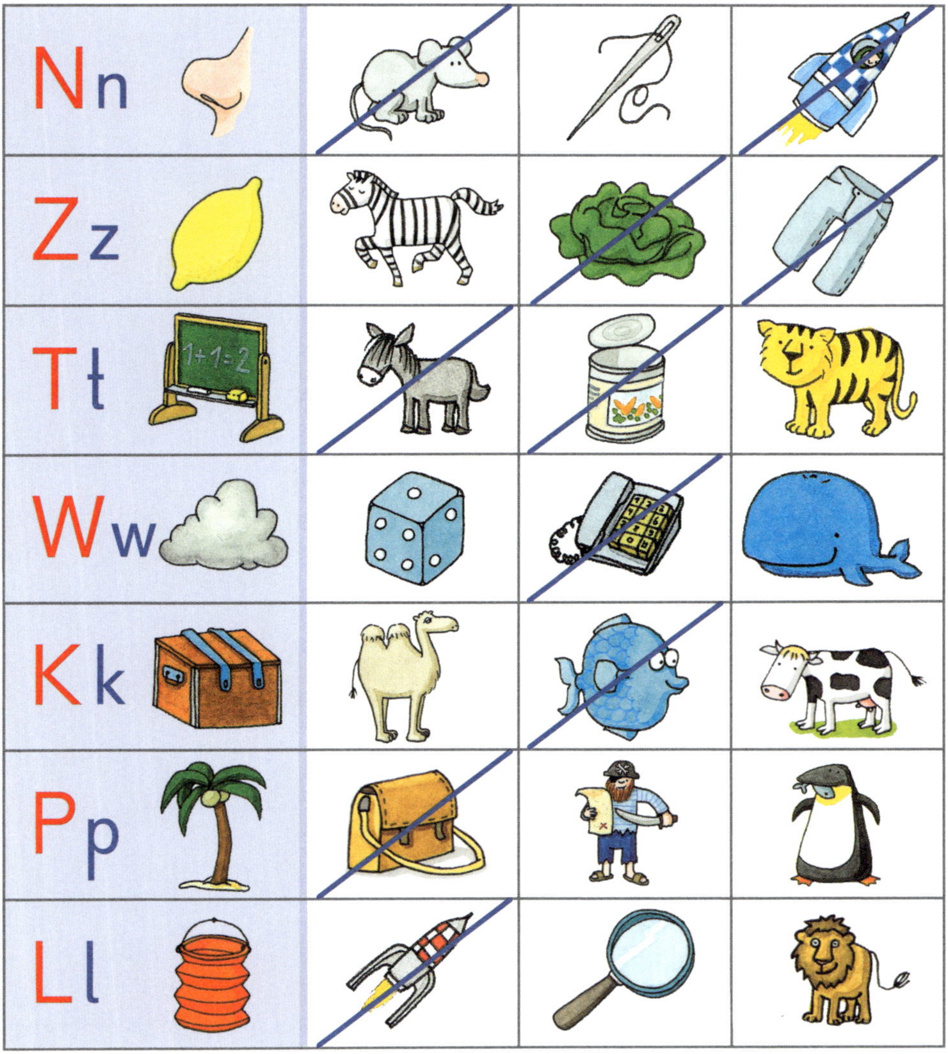

Üben 3 ☐ **Punkte**

Üben 4 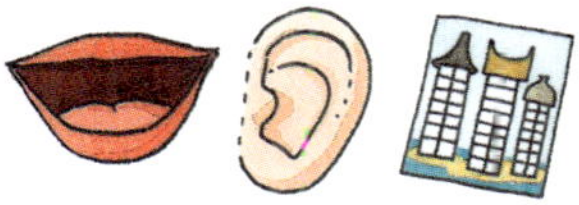 Wo hörst du den Laut?

Kreuze an.

Ff  X

Ll 

Oo 

Nn 

Uu 

Ee 

Zz 

Ee 

Stellung der Laute abhören

Lösung 4 Für jedes richtige Kreuz gibt es 1 Punkt.

Ff

X		

Ll

		X

Oo

	X	

Nn

	X	

Uu

	X	

Ee

		X

Zz

X		

Ee

	X	X

Üben 5 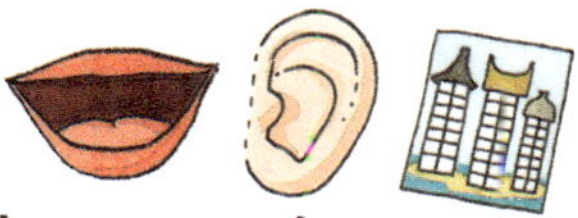 Verbinde. Fahre dann die Buchstaben nach.

K R M

B W Z

Zu Anlauten Buchstaben zuordnen

Lösung 5 Für jede richtige Verbindung gibt es 1 Punkt.

Üben 6

Fahre den kleinen Buchstaben immer in der gleichen Farbe nach wie den großen und umgekehrt. Nimm 10 Farben.

A D P

e

f

d E

p

a

F B

w

b m

M W

L t T l

Große und kleine Buchstaben

Lösung 6 Für jedes richtig eingefärbte Paar gibt es 1 Punkt.

TIPP

Schau in den Anlauthäusern am Ende dieses Blockes nach.

Üben 7  Schreibe die Wörter.

Lautgetreue Wörter

Mit Anlautbildern schreiben

Lösung 7 Für jedes richtige Wort gibt es 1 Punkt.

Üben 7 Punkte

Üben 8 Schreibe die fehlenden Buchstaben.

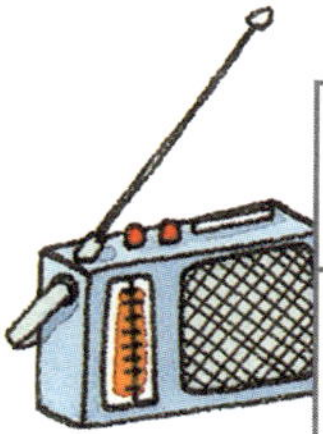

R	a	d	i	o

B		

E	l		f			t

E	s		i	m	

	i	t		o		e

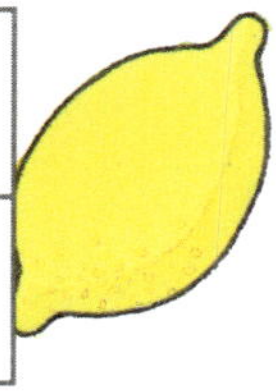

Fehlende Buchstaben ergänzen

Lösung 8 Für jedes richtige Wort gibt es 1 Punkt.

R	a	d	i	o

B	au	m

E	l	e	f	a	n	t

E	s	k	i	m	o

Z	i	t	r	o	n	e

Üben 8 Punkte

Üben 9 Klatsche und male die Silbenbögen.

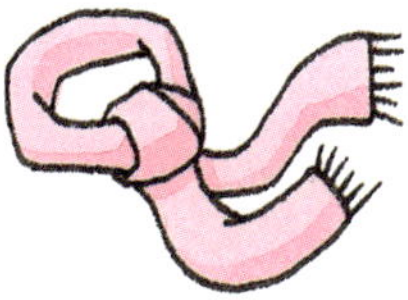

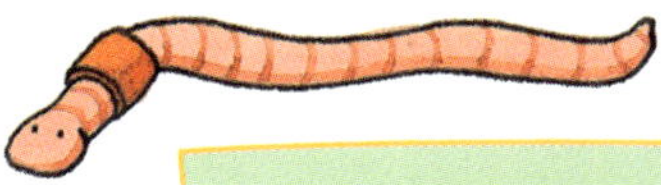

Lösung 9 Für jede richtige Anzahl von Silbenbögen bei einem Wort gibt es 1 Punkt.

Üben 9 Punkte

Üben 10 Setze die fehlenden Buchstaben ein.

S a l a t

R ...... k ...... t ......

R ...... g ...... nsch ...... rm

Br ...... t

S ...... f ......

K ...... h ......

V ...... g ...... lh ...... s

...... t ......

Selbstlaute in Silben einsetzen

Lösung 10 Für jedes richtige Wort gibt es 1 Punkt.

S a l a t

R a k e t e

R e g e nsch i rm

Br o t

S o f a

K ü h e

A u t o

V o g e lhau s

Üben 11 Was siehst du? Schreibe das Wort.

Kurze Wörter schreiben

Lösung 11 Für jedes richtige Wort gibt es 1 Punkt.

Schiff

Auto

Elefant

Ente

Fisch

Wolke

Üben 12 Klatsche und schreibe die langen Wörter.

N	i	k	o	l	au	s

Lange Wörter schreiben

Lösung 12 Für jedes richtige Wort gibt es 1 Punkt.

Nikolaus

Omnibus

Telefon

Schultüte

Papagei

TIPP

Prüfe: Hast du in jeder Silbe mindestens einen Buchstaben aus dem zweiten Anlauthaus?

Üben 12 ☐ Punkte

Üben 13 Was siehst du? Schreibe 5 Wörter auf.

Buch

Gegenstände benennen

Lösung 13 Für jedes richtige Wort gibt es 1 Punkt.

Beispielwörter:
Auto, Ball, Bett, Bild, Fenster, Hund, Junge, Lampe, Mädchen, Ranzen, Regen, Schuhe, Schwester, Stift, Teppich, Tisch, Tür, Uhr, Vorhang

Üben 13 ☐ Punkte

Üben 14 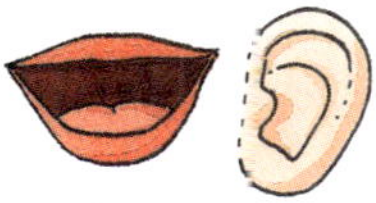 Ergänze die Wörter.

Schreibe sie noch einmal darunter.

Kater

er

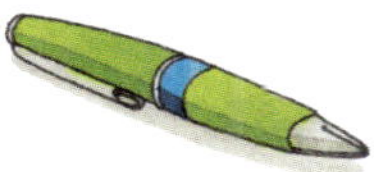

er

er

er

Wörter mit er am Ende

Lösung 14 Für jedes richtig aufgeschriebene Wort gibt es 1 Punkt.

Kater

Kater

Tiger

Tiger

Füller

Füller

Feder

Feder

Indianer

Indianer

Üben 14 Punkte

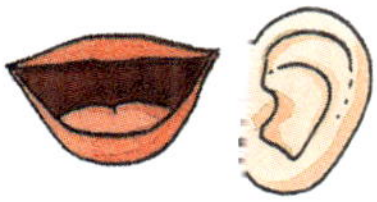

Schreibe und fahre **el** rot nach.

Amsel

el

el

el

el

el

Wörter mit el am Ende

Lösung 15 Für jedes richtige Wort gibt es 1 Punkt.

Amsel
Esel
Ampel
Igel
Ferkel
Löffel

TIPP

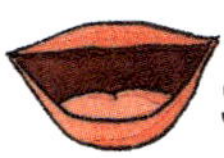Sprich bei diesen Wörtern immer die letzte Silbe ganz deutlich.

Üben 16 Was gehört zusammen? Verbinde.
Schreibe die Wörter mit **Ä** oder **ä** nach.

Bälle
Bäcker
Hand
Wände
Arm

Wand
Hände
Ball
Ärmel
backen

Wörter mit Ä/ä

Lösung 16 Für jedes richtige Paar gibt es 1 Punkt.

TIPP

Suche immer ein verwandtes Wort.

Üben 17 Schreibe und färbe ein.

 der Baum  die Bäume

das Haus

die Faust

der Traum

die Laus

die Braut

die Sau

Wörter mit äu

Lösung 17 Für jedes richtige Paar gibt es 1 Punkt.

der Baum	die Bäume
das Haus	die Häuser
die Faust	die Fäuste
der Traum	die Träume
die Laus	die Läuse
die Braut	die Bräute
die Sau	die Säue

TIPP

Du schreibst äu, wenn es ein verwandtes Wort mit au gibt.

 die Häuser  das Haus

Üben 18 Schreibe alle Wörter auf.

Färbe **Sch** und **sch** ein.

 Schere

 Flasche

de	~~re~~	Du	ko	sche	Scho
~~Fla~~	Fisch	~~Sche~~	Schaf	~~sche~~	la

Wörter mit Sch/sch

Lösung 18 Für jedes richtige Wort gibt es 1 Punkt.

Schere
Flasche
Fisch
Schaf
Dusche
Schokolade

Üben 19 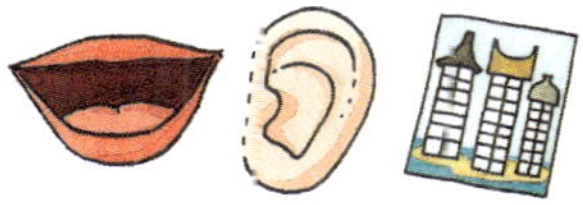 Schreibe die großen und kleinen Buchstaben in das Haus. Sprich die Wörter. Was hörst du am Anfang? Verbinde.

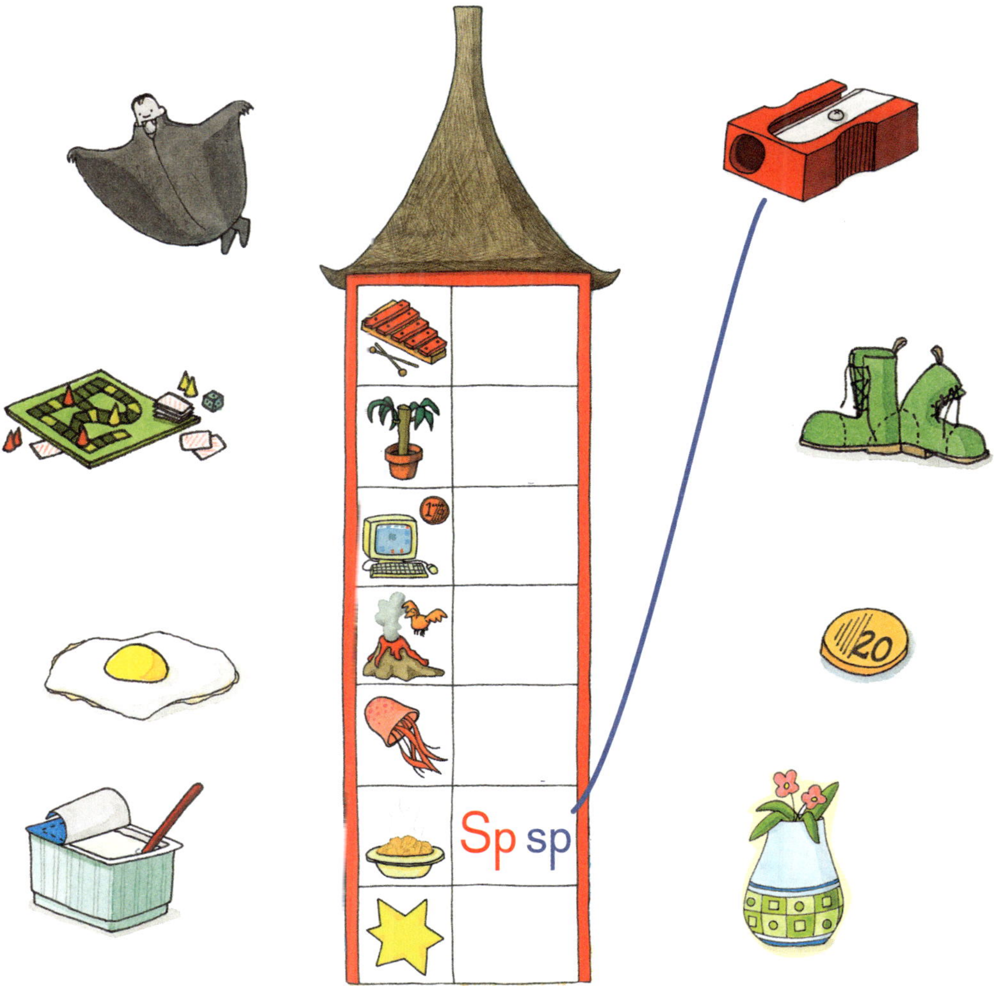

Anlaute im vierten Haus abhören

Lösung 19 Für jedes richtige Stockwerk gibt es 1 Punkt. Für jede richtige Verbindung gibt es auch 1 Punkt.

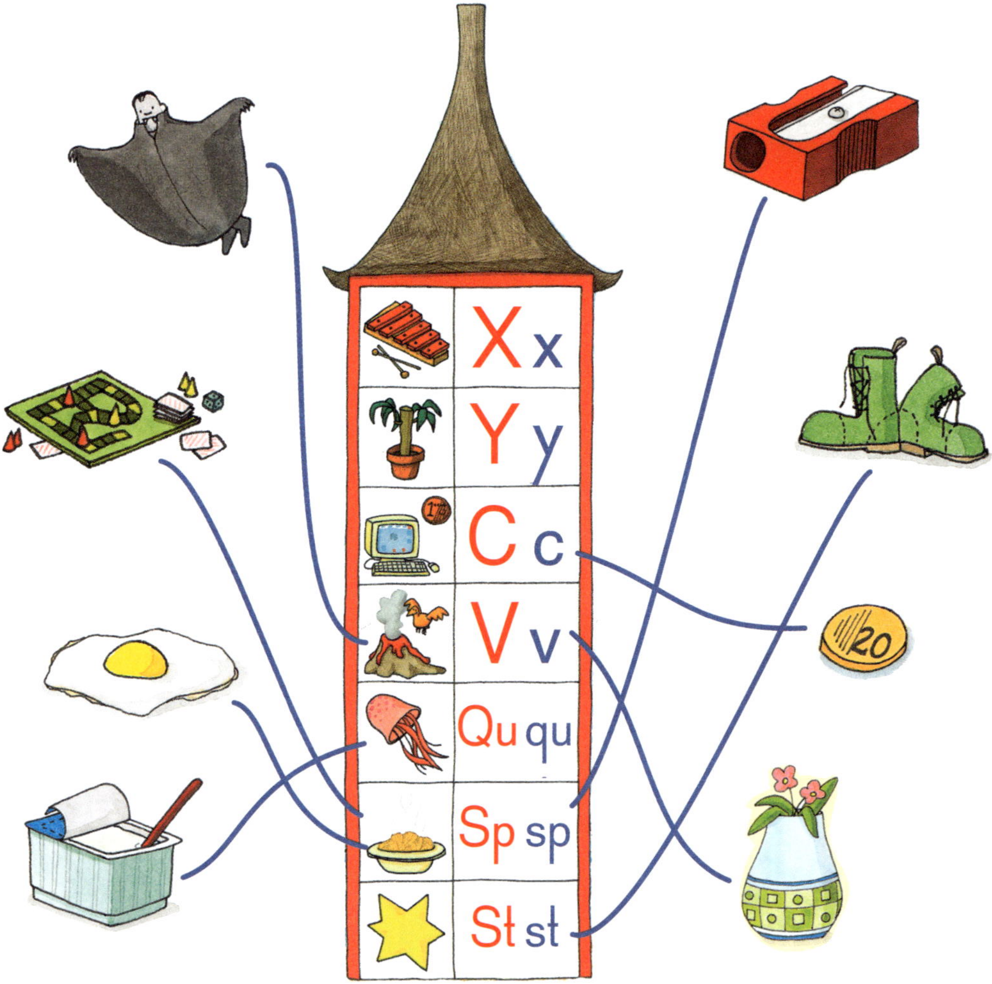

Üben 20

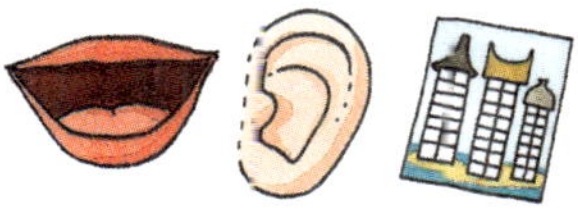

Schreibe.

Spritze

Spaghetti

Spagat

~~Spinne~~

Sprungbrett

Spiel

Sparschwein

Sportfest

Spitzer

Spinne

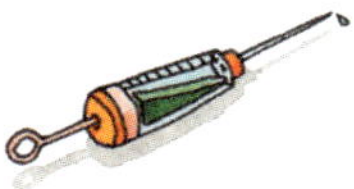

Wörter mit Sp

Lösung 20 Für jedes richtige Wort gibt es 1 Punkt.

Spinne
Spritze
Sprungbrett
Sparschwein
Sportfest

TIPP

Du sprichst (schp) und schreibst **Sp**.

Üben 20 ☐ **Punkte**

Üben 21 Schreibe.

Lösungswort:

Lösung 21 Für jedes richtige Wort und für das Lösungswort gibt es 1 Punkt.

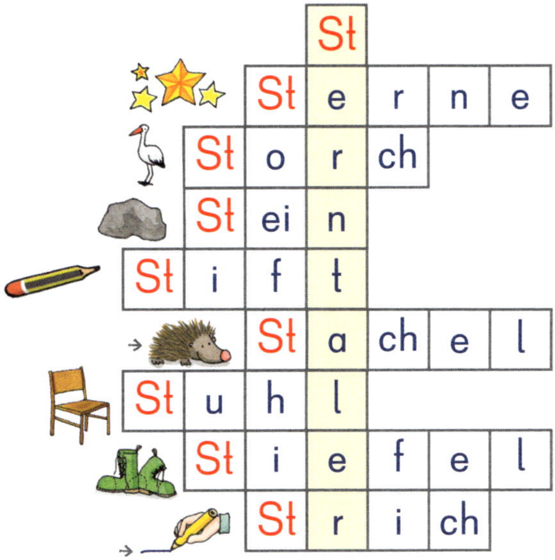

Lösungswort: Sterntaler

TIPP

Du sprichst (scht) und schreibst **St.**

Üben 22 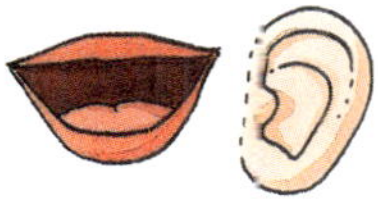 Hör genau und schreibe.

Vase	Vier	Ventilator	Vogel	Verband

Vulkan	Vampir	Vater	Ventil	Veilchen

Vulkan

Vogel

Wörter mit V

Lösung 22 Für jedes richtig eingeordnete Wort gibt es 1 Punkt.

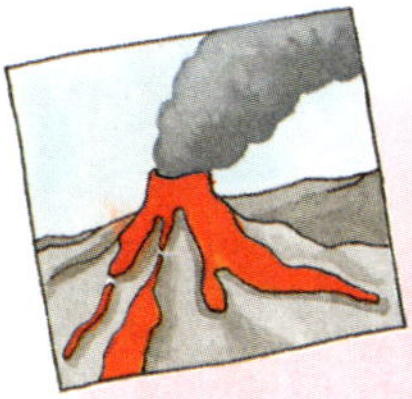

Vulkan
Vase
Ventilator
Vampir
Ventil

Vogel
Vier
Verband
Vater
Veilchen

TIPP

Der Buchstabe V kann wie (w) oder wie (f) klingen.

Üben 23

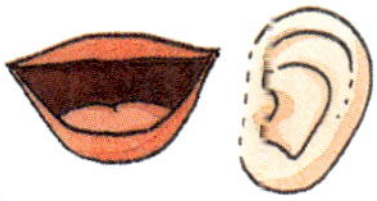

Knacke den Code. Schreibe die Wörter.

17	1	4	18	1	20

Qu	a	l	m
17	1	12	13

17	1	18	11

17	1	12	12	5

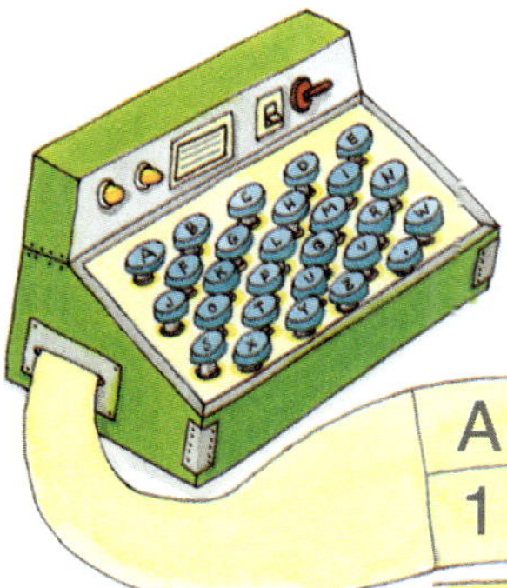

A	B	C	D	E	F	G	H	I	J	K	L	M
1	2	3	4	5	6	7	8	9	10	11	12	13
N	O	P	Qu	R	S	T	U	V	W	X	Y	Z
14	15	16	17	18	19	20	21	22	23	24	25	26

Wörter mit Qu

Lösung 23 Für jedes richtige Wort gibt es 1 Punkt.

Qu	a	d	r	a	t
17	1	4	18	1	20

Qu	a	l	m
17	1	12	13

Qu	a	r	k
17	1	18	11

Qu	a	l	l	e
17	1	12	12	5

TIPP

Du hörst (kw) und schreibst **Qu**.

Üben 23 Punkte

Üben 24 Schreibe so: Menschen, Tiere, Pflanzen und Dinge.

Löwe

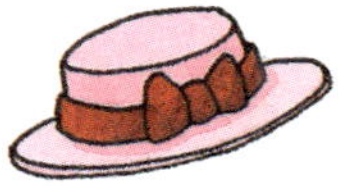

Nomen unterscheiden

Lösung 24 Für jedes Wort in der richtigen Farbe gibt es 1 Punkt.

Löwe

Sterne

Baum

Vater

Schirm

Blumen

Hund

Hut

TIPP

Alle Menschen, Tiere, Pflanzen und Dinge haben einen Namen. Diese Namen heißen Nomen (Namenwörter oder Substantive).

Üben 25 Schreibe die Nomen mit Artikel. Fahre den Anfangsbuchstaben rot nach.

die Tasche

Nomen schreiben

Lösung 25 Für jedes richtige Wort mit richtigem Artikel gibt es 1 Punkt.

 die Tasche

 die Maus

 das Brot

 der Elefant

 das Eis

 der Ball

TIPP

Nomen haben einen Begleiter: **der, die, das.**
Er heißt Artikel.

Üben 26 Schreibe in der Einzahl und in der Mehrzahl.

das Kind die Kinder

Zur Einzahl die Mehrzahl bilden

Lösung 26 Für jedes richtige Wortpaar gibt es 1 Punkt.

 das Kind	 die Kinder
 der Igel	 die Igel
 das Ei	 die Eier
 die Wolke	 die Wolken

TIPP

Nomen können in der Einzahl und in der Mehrzahl stehen.

Nur eins: Einzahl  das Ei

Mehr als eins: Mehrzahl  die Eier

Üben 26 Punkte

Üben 27 Schreibe nur die Nomen auf. Fahre den großen Anfangsbuchstaben rot nach.

ROSE LESEN RECHNEN

TAFEL MOND SINGEN ELTERN

SCHREIBEN BRUDER APFEL

Rose

Nomen erkennen

Lösung 27 Für jedes richtige Wort gibt es 1 Punkt.

Rose Tafel Mond Eltern Bruder Apfel

TIPP

Nomen schreibst du am Anfang groß.

Üben 27 Punkte

Üben 28 Welche Wörter passen? Schreibe die Wörter und fahre die Selbstlaute rot nach.

a

Schaf

u ü e

a e e

a o

i e

Selbstlaute erkennen

Lösung 28 Für jedes richtige Wort gibt es 1 Punkt.

Schaf

Schultüte

Rakete

Nashorn

Pinsel

Üben 29 Trenne die Wörter mit Strichen.
Schreibe dann die Wörter auf.

HUND|TURMSCHOKOLADEAUTOFEDERSTUHLLEHRERINMÄPPCHENHEFTSTIFTBAUM

Hund

Wortgrenzen erkennen

Lösung 29 Für jedes richtige Wort gibt es 1 Punkt.

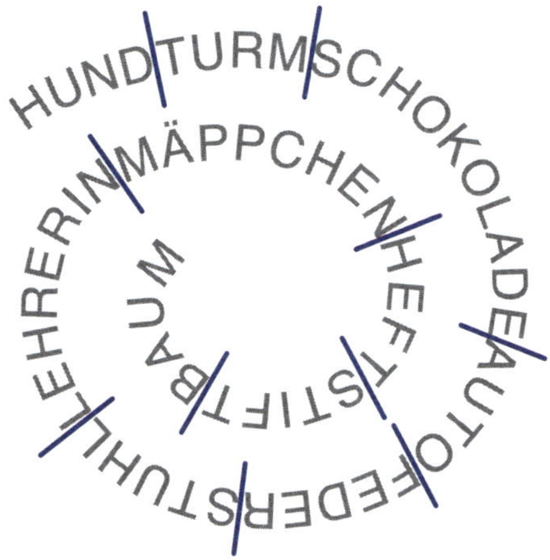

Hund Turm Schokolade Auto Feder Stuhl
Lehrerin Mäppchen Heft Stift Baum

Üben 30 Trenne die Sätze mit Strichen.

Familienausflug

Familie Luft geht ins Schwimmbad | Herr Luft und Susan bezahlen an der Kasse Frank und Peter haben ihren Walfisch dabei Frau Luft lacht

Lösung 30 Für jeden richtigen Strich gibt es 1 Punkt.

Familienausflug

Familie Luft geht ins Schwimmbad | Herr Luft und Susan bezahlen an der Kasse | Frank und Peter haben ihren Walfisch dabei | Frau Luft lacht |

TIPP

Dieser Satz besteht aus 4 Wörtern:
Das Krokodil putzt Zähne.

Üben 31 Mache nach jedem Satz einen Punkt.
Schreibe dann die Satzanfänge groß.

Welch ein Durcheinander

Florian sucht seine blaue Hose. Er kann sie nicht finden er hat schon überall gesucht jetzt muss er doch sein Zimmer richtig aufräumen das ist schon lange nötig

Lösung 31 Für jeden richtigen Punkt und jeden großgeschriebenen Satzanfang gibt es 1 Punkt.

Welch ein Durcheinander

Florian sucht seine blaue Hose. Er kann sie nicht finden. Er hat schon überall gesucht. Jetzt muss er doch sein Zimmer richtig aufräumen. Das ist schon lange nötig.

TIPP

Das erste Wort im Satz schreibst du groß.
Am Ende des Satzes machst du einen Punkt.

Üben 32 Immer ein Wort zu viel. Streiche das falsche Wort durch. Schreibe den Satz neben das passende Bild.

Jens rennt ~~singt~~ ins Ziel.

Der das Tiger schaukelt.

Die Kinder essen Milch Brot.

Das Baby grün lacht.

Jens rennt ins Ziel.

Fehler in Sätzen finden

Lösung 32 Für jedes richtige durchgestrichene Wort gibt es 1 Punkt. Für jeden richtig abgeschriebenen Satz gibt es auch 1 Punkt.

Jens rennt ~~singt~~ ins Ziel.

Der ~~das~~ Tiger schaukelt.

Die Kinder essen ~~Milch~~ Brot.

Das Baby ~~grün~~ lacht.

 Jens rennt ins Ziel.

 Der Tiger schaukelt.

 Die Kinder essen Brot.

 Das Baby lacht.

Üben 33 Schreibe die Sätze richtig auf.

Schuh Bello
gestohlen
den hat.

in den Ellen
geht Zoo.

Tafel rechnet
an Niklas der.

Puzzlesätze ordnen

Lösung 33 Für jeden richtigen Satz gibt es 1 Punkt.

Bello hat den Schuh gestohlen.

Ellen geht in den Zoo.

Niklas rechnet an der Tafel.

Üben 34 Schreibe zu jedem Bild einen Satz.

Zu Bildern einen Satz schreiben

Lösung 34 Überprüfe:

Ist der Satz am Anfang großgeschrieben?
Ist am Ende des Satzes ein Punkt?
Fehlt kein Wort?
Dann gibt es für jeden Satz 1 Punkt.

Beispielsätze:

Das Auto ist kaputt.

Das Kind liest ein Buch.

Der Junge steht im Tor.

Üben 35 Schreibe 3 Sätze zu diesem Bild.

Zu einem Bild Sätze schreiben

Lösung 35 Überprüfe:

Sind alle Satzanfänge und Nomen großgeschrieben?
Haben alle Sätze am Ende einen Punkt?
Fehlt kein Wort?
Dann gibt es für jeden Satz 1 Punkt.

Beispielsätze:
Die Kinder spielen Ball. Uta hat einen Roller.
Das Mädchen spielt im Sand. Mama redet.
Im Gras sind Blumen.

Üben 36 Schreibe die passende Überschrift zu jedem Bild und erzähle eine Geschichte.

Lecker, lecker!

Gewonnen!

Lecker, lecker!

Verletzt!

So ein Pech!

Überschriften schreiben

Lösung 36 Für jede richtig zugeordnete Überschrift gibt es 1 Punkt.

Lecker, lecker!

Verletzt!

Gewonnen!

So ein Pech!

TIPP

Jede Geschichte hat eine Überschrift. Sie muss zum Inhalt der Geschichte passen und kurz sein.

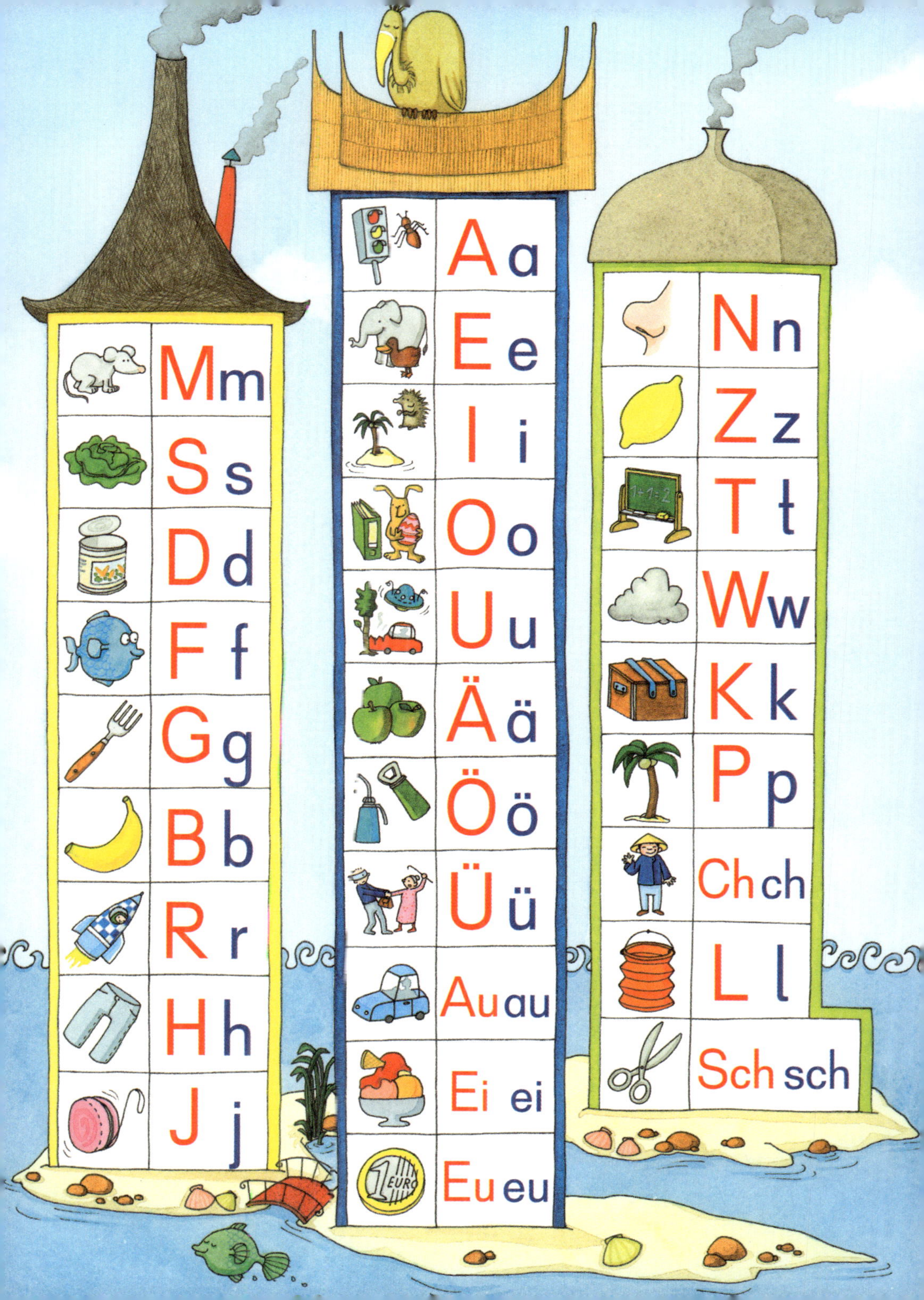

M m
S s
D d
F f
G g
B b
R r
H h
J j
A a
E e
I i
O o
U u
Ä ä
Ö ö
Ü ü
Au au
Ei ei
Eu eu
1 EURO
N n
Z z
T t
1+1=2
W w
K k
P p
Ch ch
L l
Sch sch

Aa Bb Cc
Dd Ee Ff
Gg Hh Ii
Jj Kk Ll
Mm Nn Oo
Pp Qq Rr
Ss Tt Uu
Vv Ww Xx
Yy Zz
Xx
Yy
Cc
Vv
Qu qu
Sp sp
St st

Trage hier ein, wie viele Punkte du bei den Übungen erreicht hast und ob die Aufgaben für dich leicht ☺ oder schwer ☹ waren. Lass dir beim Ausrechnen der Gesamtpunktzahl helfen.

Lautgetreue Wörter	Punktzahl	Erreichbare Punktzahl	☺	☹
Üben 1		11		
Üben 2		5		
Üben 3		6		
Üben 4		7		
Üben 5		5		
Üben 6		9		
Üben 7		3		
Üben 8		4		
Üben 9		7		
Üben 10		7		
Üben 11		5		
Üben 12		4		
Üben 13		5		
Gesamtpunktzahl		78		

Trainingsergebnisse

Wörter mit besonderen Lauten	Punktzahl	Erreichbare Punktzahl	☺	☹
Üben 14		5		
Üben 15		5		
Üben 16		4		
Üben 17		6		
Üben 18		4		
Üben 19		13		
Üben 20		4		
Üben 21		8		
Üben 22		8		
Üben 23		3		
Gesamtpunktzahl		60		

Wörter untersuchen	Punktzahl	Erreichbare Punktzahl	☺	☹
Üben 24		7		
Üben 25		5		
Üben 26		3		
Üben 27		5		
Üben 28		4		
Gesamtpunktzahl		24		

Sätze schreiben	Punktzahl	Erreichbare Punktzahl	☺	☹
Üben 29		10		
Üben 30		3		
Üben 31		7		
Üben 32		6		
Üben 33		3		
Üben 34		3		
Üben 35		3		
Üben 36		3		
Gesamtpunktzahl		38		

Endergebnis: .... von 200 erreichbaren Punkten.

Trainingsergebnisse

bis 100 Punkte: Prima, dass du alle Aufgaben bearbeitet hast! Du warst richtig fleißig. Du solltest jedoch noch weiter üben, um sicherer im Schreiben zu werden. Das Buch „Einfach klasse in Deutsch / Mathematik – 1. Klasse“ bzw. „Wissen – Üben – Testen: Deutsch / Mathematik – 1. Klasse“ kann dir helfen: Dort findest du viele Übungen.

101 bis 150 Punkte: Du hast vieles richtig gemacht und toll durchgehalten! Wenn du weiter regelmäßig trainierst, kannst du zu einem richtigen Profi im Schreiben werden! Dazu solltest du dir die Aufgaben nochmals genau ansehen, bei denen du in den Trainingsergebnissen dieses Zeichen angekreuzt hast: .

151 bis 200 Punkte: Herzlichen Glückwunsch! Du bist fit im Schreiben! Nun ist es wichtig, dass du durch regelmäßiges Training deine gute Form hältst: Suche dir für die Freiarbeit in der Schule oder zum Üben zu Hause immer wieder Schreibaufgaben aus.

Als Belohnung fürs Durchhalten darfst du dir die Medaille auf der nächsten Seite ausschneiden!